So praktisch!

ALLES VON 1 BLECH

DIE BESTEN REZEPTE

W0470948

garant

INHALT

VORWORT

Viele Töpfe und viel Abwasch? Das muss nicht sein. Bei den Gerichten in diesem Buch brauchen Sie nur eines: ein Backblech. So zaubern Sie ein schnelles Essen und müssen nicht ewig in der Küche stehen. Einfach alle Zutaten vorbereiten, aufs Blech legen, den Rest erledigt der Backofen. Ein komplettes Gericht auf einem Backblech zuzubereiten ist nicht nur einfach, sondern auch unglaublich praktisch! Ob Braten, Grillen oder Backen – raffinierte Geschmackserlebnisse sind hier garantiert. Lassen Sie sich von unseren köstlichen Rezepten inspirieren und probieren Sie leckeres Ofengemüse und saftige Fleischstücke. Selbst Fischgerichte gelingen auf dem Backblech ganz wunderbar. Einfach die Fischstücke mit dem Gemüse auf das Blech geben, und während der Ofen „arbeitet", können Sie entspannen. Dank der großen Fläche auf dem Backblech gart alles gleichmäßig und die Aromen verbinden sich harmonisch miteinander. Zudem sorgt die hohe Temperatur für schnelle und auf Wunsch knusprige Mahlzeiten. Doch nicht nur Hauptgerichte lassen sich im Backofen bestens zubereiten, auch der Nachtisch kann, während Sie den Hauptgang genießen, im Backofen garen. Wie wäre es beispielsweise mit Pfannkuchen vom Blech? Während Sie bei der klassischen Zubereitung noch am Herd stehen, während der Rest der Familie bereits das Dessert genießt, können beim Ofenpfannkuchen alle gemeinsam am Tisch sitzen. Zudem geht es schnell, schmeckt lecker und die Pfannkuchen lassen sich mit Obst immer wieder neu variieren. Für Gastgeber ist die Backofenmethode übrigens sehr empfehlenswert: Vieles können Sie vorbereiten, nichts muss auf den Punkt zubereitet werden und das Essen steht griffbereit im Backofen. Da macht es auch nichts, wenn sich die Gäste ein paar Minuten verspäten. Bringen Sie mit unseren Rezepten ganz unkompliziert herrlich leckere Gerichte auf den Tisch und freuen Sie sich auf neue und anregende Geschmackserlebnisse.

Die Grundlagen

Blechgerichte sind immer dann geeignet, wenn es um Backen, Braten oder Grillen geht. All diese Kochtechniken können Sie im Backofen wunderbar vereinen. Dazu brauchen Sie nur ein Backblech oder eine Fettpfanne. Letztere ist ein Backblech mit einem höheren Rand, also das tiefe Backblech, das beim Kauf eines Backofens in der Regel zum Zubehör gehört. Eine Fettpfanne kann tropfendes Fett auffangen, eignet sich für Rezepte mit Wasserbad und ist bestens für Backblech-Gerichte geeignet.
In der Regel bestehen Backbleche aus Aluminium, Edelstahl oder emailliertem Stahlblech und sind in verschiedenen Größen erhältlich. Standardisierte Größen gibt es nicht, denn die Backbleche sind immer auf die Größe des Backofens abgestimmt. Möchten Sie zu Ihrem Herd ein Blech nachkaufen, benötigen Sie deshalb die E-Nummer Ihres Gerätes. Backbleche für die Gastronomie sind meist etwas größer (ca. 60 x 40 Zentimeter) als für den heimischen Herd (ca. 45 x 37 Zentimeter).

So gelingen die Backblech-Rezepte ganz einfach

- Sprühen Sie das Backblech vor dem Backen, Braten oder Grillen mit Kochspray ein oder streichen Sie es mit Öl aus. Alternativ benutzen Sie Backpapier. So klebt nichts an und Sie haben es leichter beim Reinigen.
- Heizen Sie den Backofen immer gut vor, damit die Oberfläche der Zutaten durch die Hitze schnell versiegelt wird. So werden die Aromen intensiviert und der volle Geschmack bleibt.
- Verteilen Sie die Zutaten in einer Schicht auf dem Backblech und legen Sie nach Möglichkeit nichts übereinander. So gart alles gleichmäßig durch.
- Legen Sie Ofenhandschuhe und eine Küchenzange bereit, falls Sie während des Garens Zutaten auf dem Blech wenden müssen. Wenn Sie das heiße Backblech aus dem Backofen nehmen, stellen Sie es auf ein Topfgitter oder auf eine Keramikplatte.

Tipps zur Reinigung von Garraum und Backblechen

Den Garraum reinigen Sie am besten nach jedem Gebrauch. So brennen Verschmutzungen nicht ein und Sie müssen nicht mühsam schrubben.

Salz

Sind Garraum oder Backbleche doch einmal verkrustet? Kein Problem: Befeuchten Sie Garraum und/oder Blech und streuen Sie großzügig Salz auf die Verschmutzungen. Schalten Sie den Backofen auf 50 °C und lassen Sie ihn so lange an, bis das Salz sich braun verfärbt. Kehren Sie das Salz ab und wischen Sie feucht nach. Zum Trocknen lassen Sie die Backofentür nach der Reinigung geöffnet, bis der Backofen komplett ausgetrocknet ist.

Backpulver

Auch eine Kombination aus Backpulver und Wasser hilft bei Verkrustungen. Verrühren Sie 4 Päckchen Backpulver mit 150 Milliliter Wasser und geben Sie die Mischung auf das Backblech. 15 Minuten einwirken lassen und Reste mit einem Küchentuch abwischen – fertig!

Essig und Zitronensaft

Mischen Sie Essig und Zitronensaft im Verhältnis 1:1 und verteilen Sie die Flüssigkeit auf dem Backblech. Backblech in den Ofen schieben und bei 200 °C Ober- und Unterhitze für 20 Minuten im Backofen lassen. Reste mit einem Küchentuch abwischen.

Hinweis: Damit unterschiedliche Oberflächen nicht durch falsche Reinigungsmittel beschädigt werden, halten Sie sich bitte immer an die Empfehlungen des Herstellers. Benutzen Sie keine scharfen oder scheuernden Reinigungsmittel oder Scheuerkissen bzw. Putzschwämme.

Gemüse vom Backblech

Gemüse vom Blech ist der Klassiker: Als Hauptgang oder Beilage schmeckt es unwiderstehlich gut. Geben Sie dazu Ihr Lieblingsgemüse nach dem Putzen und Schneiden auf das Backblech. Je nach Gemüseart können sich die Garzeiten allerdings etwas unterscheiden. So ist es empfehlenswert, einige Sorten erst später dazuzugeben, damit sie nicht zu weich werden. Lassen Sie Tomaten beispielsweise zu lange im Backofen, können diese platzen. Wie lange die einzelnen Gemüsesorten benötigen, richtet sich auch nach Ihrem Backofen. Für den Anfang hilft Ihnen diese Tabelle weiter:

Garzeiten von Gemüse im Backofen

- Auberginen (in Scheiben): ca. 30 Min.
- Blumenkohl (in Röschen): ca. 25 Min.
- Brokkoli (in Röschen): ca. 20 Min.
- Fenchel (halbiert): ca. 35 Min.
- Hokkaidokürbis (in Spalten): ca. 25–30 Min.
- Kartoffeln (in Scheiben): ca. 30–35 Min.
- Möhren: ca. 30 Min.
- Pilze: ca. 15–20 Min.
- Süßkartoffeln (in Scheiben): ca. 30 Min.
- Tomaten: ca. 10 Min.
- Zucchini (in Scheiben): ca. 15 Min.

Wenn Sie lieber alles gleichzeitig auf das Backblech geben möchten, schneiden Sie das Gemüse am besten in mundgerechte Stücke und die härteren Gemüsesorten etwas kleiner. So gart alles gleichmäßig. Besonders gut schmeckt das Gemüse, wenn Sie es vor dem Backen marinieren. Mischen Sie Olivenöl mit Gewürzen und bepinseln Sie das Gemüse damit. Alternativ geben Sie die Gemüsestücke in eine Schüssel und marinieren alles mit Öl und Ihren Lieblingsgewürzen. Dann einfach auf ein tiefes Blech geben und im Ofen garen. Dazu schmeckt ein Dip aus Joghurt, saurer Sahne oder Crème fraîche, den Sie mit Knoblauch, frischen Kräutern, Gewürzen und etwas Zitronensaft verfeinern.

Wer möchte, kann das Ofengemüse auch mit Gremolata servieren. Ursprünglich kommt diese Kräutermischung aus der Lombardei und wird als Topping auf gebratenen Fisch oder Fleisch gegeben. Die aromatische Kräuter-Öl-Mischung schmeckt aber auch hervorragend zu Gemüsegerichten vom Blech. Für die Zubereitung benötigen Sie einen großen Bund Petersilie, den Sie fein hacken. Mischen Sie die Kräuter dann mit Zitronensaft, Knoblauch, Rosmarin, Salbei und Olivenöl zu einer sämigen Paste und servieren Sie sie zum Gemüse.

Fleisch und Fisch vom Backblech

Fleisch schmeckt am besten, wenn Sie es in der Pfanne kurz scharf anbraten, bevor Sie es in den Backofen schieben. So bekommt das Fleisch die gewünschten Röstaromen und wird geschmacklich verfeinert. Fisch und Fischfilet können Sie direkt mit auf das Backblech oder das Gemüse geben. Auch den Fisch sollten Sie vorab marinieren oder Sie decken die Oberseite des Fisches mit Zitronen- oder Orangenscheiben ab. So bleibt er schön saftig.

Mögen Sie Fischfilet- und Gemüsegerichte? Dann haben wir eine wunderbare Idee für Sie! Heizen Sie den Backofen auf 180 °C vor und schneiden Sie verschiedene Gemüsesorten klein. Die Fischfilets (z. B. Seelachs) werden trocken getupft, gesalzen und mit Limetten- oder Zitronensaft beträufelt. Packen Sie Gemüse und Fischfilets in kleine Päckchen aus geöltem Pergamentpapier, die Sie gut verschließen. Päckchen in eine Auflaufform oder auf ein Backblech legen und im Backofen ca. 25 Minuten garen. Vor dem Servieren können Sie den Fisch noch mit gehacktem Koriander bestreuen. Dazu schmeckt Reis oder Quinoa.

Leckeres mit Fleisch & Fisch

HÄHNCHENKEULEN MIT OFENKARTOFFELN

Zutaten für 4 Portionen

800 g Kartoffeln, 1 Knoblauchzehe,
4 EL Olivenöl, 3 TL italienische Kräuter,
1 TL edelsüßes Paprikapulver,
Salz, frisch gemahlener Pfeffer,
8 Hähnchenkeulen

Zubereitung *ca. 15 Min.*
Backzeit *ca. 50 Min.*

Pro Portion *ca. 498 kcal • 23 g EW • 23 g F • 31 g KH*

1. Kartoffeln schälen, waschen und vierteln. Knoblauch schälen und fein hacken. Backofen auf 200 °C (Umluft: 180 °C) vorheizen. Backblech mit Backpapier auslegen. Aus Öl, italienischen Kräutern, Paprikapulver, Salz, Pfeffer und Knoblauch eine Marinade zubereiten. Hähnchenkeulen von allen Seiten mit Marinade einreiben.

2. Hähnchenkeulen auf dem Backpapier verteilen und im vorgeheizten Backofen auf der untersten Schiene ca. 20 Minuten garen. Kartoffelviertel mit restlicher Marinade würzen und neben den Hähnchenkeulen auf dem Backpapier verteilen. Hähnchenkeulen mit etwas Bratfett bestreichen. Hähnchenkeulen mit Ofenkartoffeln weitere ca. 30 Minuten knusprig braun garen.

LACHSFILET MIT SPARGEL

Zutaten für 4 Portionen

800 g kleine Kartoffeln, 8 EL Olivenöl, 1–2 EL Fenchelsamen, Salz, frisch gemahlener Pfeffer, 3 Fenchelknollen, 500 g Cocktailtomaten, 500 g grüner Spargel, Saft und abgeriebene Schale von 1 unbehandelten Zitrone, 800 g Lachsfilet

Zubereitung *ca. 30 Min.*
Backzeit *ca. 55 Min.*

Pro Portion *ca. 920 kcal • 52 g EW • 57 g F • 43 g KH*

1. Backofen auf 200 °C (Umluft: 180 °C) vorheizen. Kartoffeln waschen oder schälen und halbieren. In eine Schüssel geben und mit 5 Esslöffeln Öl, Fenchelsamen, Salz und Pfeffer vermischen. Auf einem tiefen Backblech verteilen.

2. Kartoffeln im vorgeheizten Backofen ca. 25 Minuten backen. Fenchel waschen und putzen. Strunk keilförmig herausschneiden. Fenchelgrün beiseitelegen. Fenchel längs in Spalten schneiden. Tomaten waschen und trocken tupfen. Vom Spargel holzige Enden abschneiden, Spargel waschen und unteres Drittel schälen. Fenchel, Tomaten und Spargel zu den Kartoffeln geben und mit restlichem Öl und der Hälfte des Zitronenabriebs und -safts beträufeln. Mit Salz und Pfeffer würzen. Im vorgeheizten Backofen weitere ca. 15 Minuten garen.

3. Temperatur auf 150 °C (Umluft: 130 °C) verringern. Lachs waschen und trocken tupfen. Mit restlichem Zitronenabrieb und -saft beträufeln und mit Salz und Pfeffer würzen. Lachs auf das Gemüse legen und im vorgeheizten Backofen ca. 15 Minuten garen. Lachsfilet mit Gemüse anrichten und mit Fenchelgrün garniert servieren.

Tipp Genießen Sie das Gericht statt mit Kartoffeln auch einmal mit frischem Weißbrot.

STEAK MIT MÖHREN UND CHIMICHURRI

Zutaten für 4 Portionen

800 g Möhren, Olivenöl, 3 TL grobes Meersalz, 4 Zweige Rosmarin, 6 Knoblauchzehen, 1 kleine rote Zwiebel, ½ kleine Chilischote, 1 Bund glatte Petersilie, Saft von 1 kleinen Limette, 1 TL Oregano, 1 TL Thymian, frisch gemahlener Pfeffer, 1 Lorbeerblatt, 1 EL Butterschmalz, 4 Rindersteaks (à 150–200 g), Salz

Zubereitung *ca. 25 Min.*
Backzeit *ca. 25 Min.*

Pro Portion *ca. 489 kcal • 44 g EW • 25 g F • 12 g KH*

1. Backofen auf 220 °C (Umluft: 200 °C) vorheizen. Möhren schälen und längs vierteln. Mit 4 Esslöffeln Öl mischen und mit 2 Teelöffeln Meersalz würzen. Rosmarin waschen, trocken schütteln und Nadeln abstreifen. 4 Knoblauchzehen schälen. Möhren auf ein Blech legen und mit Rosmarin bestreuen. Knoblauch zufügen. Im vorgeheizten Backofen ca. 10 Minuten backen.

2. Für das Chimichurri übrigen Knoblauch und Zwiebel schälen und fein hacken. Chilischote waschen, entkernen und fein hacken. Petersilie waschen, trocken schütteln und Blätter fein hacken. Knoblauch, Zwiebel, Chili und Petersilie in einem Mörser zerstoßen. Mit Limettensaft und etwas Olivenöl zu einer dickflüssigen Paste verrühren. Mit restlichem Meersalz, Oregano, Thymian und Pfeffer abschmecken. Lorbeerblatt zugeben und alles ziehen lassen.

3. Butterschmalz in einer Pfanne erhitzen. Steaks darin von jeder Seite ca. 1 Minute scharf anbraten. Zu den Möhren und den Knoblauchzehen auf das Backblech legen und je nach gewünschtem Gargrad ca. 10–15 Minuten mitgaren. Steaks herausnehmen, in Alufolie wickeln und ruhen lassen. Chimichurri in einem Schälchen anrichten und Lorbeerblatt herausnehmen. Steaks mit Salz und Pfeffer würzen und mit Möhren und Chimichurri servieren.

BRATWURST VOM BLECH MIT GRILLGEMÜSE

Zutaten für 4 Portionen

*1 Zucchini, 200 g Champignons,
2 Zwiebeln, 4 Bratwürste, 2 EL Olivenöl,
1 TL Paprikapulver, 1 TL Knoblauchpulver,
1 EL Oregano, 1 EL Thymian,
Salz, frisch gemahlener Pfeffer*

Zubereitung *ca. 15 Min.*
Backzeit *ca. 30 Min.*

Pro Portion *ca. 485 kcal • 32 g EW • 36 g F • 7 g KH*

1. Backofen auf 200 °C (Umluft: 180 °C) vorheizen. Backblech mit Backpapier auslegen. Zucchini putzen, waschen und in Stücke schneiden. Champignons putzen und je nach Größe halbieren oder vierteln. Zwiebeln schälen und in Stücke schneiden.

2. Gemüse und Bratwürste auf dem Backpapier verteilen. Gemüse mit Öl beträufeln und mit Paprika- und Knoblauchpulver, Oregano, Thymian, Salz und Pfeffer würzen. Im vorgeheizten Backofen ca. 20 Minuten backen. Grillfunktion beim Backofen einschalten und Bratwürste und Gemüse weitere ca. 10 Minuten grillen.

SCHWEINEFILET MIT ÄPFELN

Zutaten für 4 Portionen

400 g Kartoffeln, 2 rote Zwiebeln, 6–8 Zweige Thymian, 5 EL Olivenöl, 1 TL Zucker, Salz, frisch gemahlener Pfeffer, 750 g Schweinefilet, 100 ml Gemüsebrühe, 2 Äpfel (z. B. Braeburn)

Zubereitung *ca. 20 Min.*
Backzeit *ca. 25 Min.*

Pro Portion *ca. 501 kcal • 42 g EW • 20 g F • 30 g KH*

1. Kartoffeln schälen und je nach Größe halbieren oder vierteln. Zwiebeln schälen und in Spalten schneiden. Thymian waschen, trocken schütteln und Blättchen fein hacken. Etwas Thymian zum Garnieren beiseitestellen. Kartoffeln, Zwiebeln und Thymian in eine Schüssel geben und mit 2 Esslöffeln Öl und Zucker vermischen. Mit Salz und Pfeffer würzen. Backofen auf 200 °C (Umluft: 180 °C) vorheizen.

2. Schweinefilet trocken tupfen und mit Salz würzen. Restliches Öl in einer großen Pfanne erhitzen. Schweinefilet darin von allen Seiten ca. 3–4 Minuten kräftig anbraten. Herausnehmen und in eine Fettpfanne legen. Bratfett mit Gemüsebrühe ablöschen, kurz aufkochen lassen und Schweinefilet damit übergießen. Kartoffeln, Zwiebeln und Thymian mit in die Fettpfanne legen und alles im vorgeheizten Backofen ca. 15–20 Minuten garen.

3. Äpfel waschen, putzen und in Spalten schneiden. Ca. 5 Minuten vor Ende der Garzeit in die Fettpfanne legen und mitgaren. Schweinefilet herausnehmen, in Alufolie wickeln und ruhen lassen. Grillfunktion beim Backofen einschalten und Kartoffeln, Zwiebeln und Äpfel ca. 3–4 Minuten bräunen. Schweinefilet in Scheiben schneiden und mit Kartoffeln, Zwiebeln und Äpfeln auf einer großen Platte anrichten. Fleisch mit etwas Bratsud beträufeln und alles mit restlichem Thymian garniert servieren.

HÄHNCHENBRUST AUF GEMÜSEBETT

Zutaten für 4 Portionen

200 g Zucchini, 200 g Aubergine, 200 g Blumenkohl, 200 g Kartoffeln, 100 g Cocktailtomaten, 2 Zwiebeln, 1 vorgegarter Maiskolben, 2 Zweige Rosmarin, 4 Zweige Thymian, 4 EL Olivenöl, Salz, frisch gemahlener Pfeffer, 4 Hähnchenbrustfilets, 2 TL weiche Butter, edelsüßes Paprikapulver, Schnittlauch zum Garnieren

Zubereitung *ca. 15 Min.*
Backzeit *ca. 40 Min.*

Pro Portion *ca. 447 kcal • 35 g EW • 22 g F • 20 g KH*

1. Zucchini und Aubergine putzen, waschen und in dicke Scheiben oder Stücke schneiden. Blumenkohl putzen, waschen und in Röschen teilen. Kartoffeln schälen und in Stücke schneiden. Tomaten waschen und halbieren. Zwiebeln schälen und klein schneiden. Maiskolben in dicke Scheiben schneiden. Rosmarin waschen, trocken schütteln, Nadeln abstreifen und fein hacken. Thymian waschen, trocken schütteln und Blättchen fein hacken. Backofen auf 200 °C (Umluft: 180 °C) vorheizen.

2. Gemüse und Kräuter in eine Schüssel geben und mit Öl vermischen. Mit Salz und Pfeffer würzen. Hähnchenbrust trocken tupfen. Hautseite mit weicher Butter einreiben und mit Salz, Pfeffer und edelsüßem Paprikapulver einreiben. Hähnchenbrüste, Gemüse und Kartoffeln auf einem Blech verteilen und im vorgeheizten Backofen ca. 30–40 Minuten garen.

3. Schnittlauch waschen, trocken schütteln und in feine Röllchen schneiden. Hähnchenbrüste, Gemüse und Kartoffeln herausnehmen und Hähnchenbrust auf dem Gemüsebett anrichten. Mit Schnittlauch bestreut servieren.

ZWIEBELKUCHEN MIT BUTTERMILCHTEIG

Zutaten für ca. 12 Stücke

10 Zwiebeln, 110 g Butter und etwas Butter für das Blech, 300 g Mehl, 4 TL Backpulver, 200 ml Buttermilch, Salz, 450 g Schmand oder Crème fraîche, 1 TL gemahlener Kümmel, frisch gemahlener Pfeffer, etwas frisch geriebener Muskat, 200 g durchwachsener Speck

Zubereitung *ca. 55 Min.*
Backzeit *ca. 35 Min.*

Pro Stück *ca. 347 kcal • 7 g EW • 24 g F • 24 g KH*

1. Zwiebeln schälen und in Ringe schneiden. 60 Gramm Butter in einem Topf erhitzen und Zwiebeln darin unter Rühren ca. 30 Minuten andünsten.

2. Mehl und Backpulver in eine Schüssel geben. Restliche Butter, Buttermilch und 1 Prise Salz zugeben und alles gut verkneten. Teig auf einem gefetteten Backblech ausrollen. Backofen auf 200 °C (Umluft: 180 °C) vorheizen.

3. Schmand oder Crème fraîche cremig rühren und Zwiebeln unterheben. Zwiebel-Masse mit Kümmel, Salz, Pfeffer und Muskat pikant würzen und auf dem Teig verteilen. Speck in Würfel schneiden und darüberstreuen. Zwiebelkuchen im vorgeheizten Ofen ca. 35 Minuten backen und auskühlen lassen. Lauwarm servieren.

PIZZA MIT GARNELEN

Zutaten für 4 Portionen

250 g Mehl und etwas Mehl für die Arbeitsfläche, 7 g Trockenhefe, 2 EL Olivenöl, Salz, frisch gemahlener Pfeffer, 125 g Mini-Mozzarella, 1 grüne Paprikaschote, 10–15 Cocktailtomaten, 1 Zwiebel, 1–2 Knoblauchzehen, 1 Handvoll schwarze Oliven, 250 g passierte Tomaten, Pizzagewürz, 100 g Käse, 100 g küchenfertige Garnelen, 100 g küchenfertige Muscheln

Zubereitung *ca. 15 Min. + ca. 1 Std. Ruhezeit*
Backzeit *ca. 25 Min.*

Pro Portion *ca. 593 kcal • 28 g EW • 31 g F • 53 g KH*

1. Mehl in eine Schüssel geben und mit Trockenhefe, 125 Milliliter lauwarmem Wasser, Olivenöl, etwas Salz und Pfeffer zu einem Teig verkneten. Teig an einem warmen Ort ca. 1 Stunde ruhen lassen.

2. Mozzarella über einem Sieb abtropfen lassen und halbieren. Paprika putzen, waschen und in Streifen schneiden. Tomaten waschen und halbieren. Zwiebel und Knoblauch schälen und fein hacken. Oliven in Scheiben schneiden. Backofen auf 180 °C (Umluft: 160 °C) vorheizen. Backblech mit Backpapier auslegen.

3. Teig auf eine bemehlte Arbeitsfläche legen und kurz durchkneten. Ausrollen und auf das Backblech legen. Passierte Tomaten mit Salz, Pfeffer und Pizzagewürz abschmecken und auf dem Teig verstreichen. Käse reiben. Garnelen, Muscheln, Paprika, Tomaten, Zwiebel, Knoblauch und Oliven darauf verteilen. Mozzarella zufügen und alles mit geriebenem Käse bestreuen. Im vorgeheizten Backofen ca. 25 Minuten backen.

HÄHNCHENRÖLLCHEN MIT CURRYGEMÜSE

Zutaten für 4 Portionen

400 g Kartoffeln, 200 g Möhren,
200 g Brokkoli, 4 EL Öl, 1 TL Currypulver,
Salz, frisch gemahlener Pfeffer,
4 Hähnchenbrustfilets, 125 g Frühstücksspeck,
Holzspieße, 1 unbehandelte Zitrone,

Zubereitung *ca. 20 Min.*
Backzeit *ca. 25 Min.*

Pro Portion *ca. 448 kcal • 37 g EW • 23 g F • 21 g KH*

1. Backofen auf 200 °C (Umluft: 180 °C) vorheizen. Backblech mit Backpapier auslegen. Kartoffeln schälen und in Scheiben schneiden. Möhren putzen, schälen und in Scheiben schneiden. Brokkoli putzen, waschen und in Röschen teilen. Kartoffeln und Gemüse in eine Schüssel geben. Öl mit Currypulver, Salz und Pfeffer vermischen und Kartoffeln und Gemüse damit marinieren.

2. Currygemüse auf das Backpapier geben und im vorgeheizten Backofen ca. 10 Minuten anrösten. Hähnchenfilets klein schneiden und mit Salz und Pfeffer würzen. Frühstücksspeck um die Hähnchenstücke wickeln und mit Holzspießen fixieren. Hähnchenröllchen zum Gemüse auf das Backpapier geben und weitere ca. 15 Minuten rösten. Zitrone waschen, trocken tupfen und in Schnitze schneiden. Hähnchenröllchen mit Currygemüse und Zitronenschnitzen anrichten.

FAJITAFÜLLUNG VOM BLECH

Zutaten für 4 Portionen

700 g Flanksteak, 3 Paprikaschoten, 2 rote Zwiebeln, 2 Knoblauchzehen, 4 EL Olivenöl, 2 TL Cayennepfeffer, ½ TL Knoblauchpulver, ½ TL Kümmel, ½ TL Paprikapulver, Salz, frisch gemahlener Pfeffer, 1 Bund Koriander, 1 unbehandelte Zitrone, 200 g Tomaten, 1 Avocado, 4 Weizentortillas

Zubereitung *ca. 20 Min.*
Backzeit *ca. 35 Min.*

Pro Portion *ca. 708 kcal • 46 g EW • 40 g F • 35 g KH*

1. Backofen auf 200 °C (Umluft: 180 °C) vorheizen. Steak in Streifen schneiden. Paprika putzen, waschen und ebenfalls in Streifen schneiden. 1 Zwiebel schälen und in feine Ringe schneiden. Knoblauch schälen und in feine Scheiben schneiden. Fleisch und Gemüse in einer Schüssel mit 2 Esslöffeln Öl, Cayennepfeffer, Knoblauchpulver, Kümmel und Paprikapulver mischen. Mit Salz und Pfeffer würzen. Backblech mit restlichem Öl einstreichen und Fleisch-Gemüse-Mischung darauf verteilen. Im vorgeheizten Backofen ca. 20–30 Minuten backen. Grillfunktion beim Backofen einschalten und alles weitere ca. 2 Minuten bräunen.

2. Restliche Zwiebel schälen und in feine Spalten schneiden. Koriander waschen, trocken schütteln und Blätter von den Stielen zupfen. Zitrone waschen, trocken tupfen und in Spalten schneiden. Tomaten waschen, halbieren, vom Stielansatz befreien und vierteln. Avocado halbieren und entkernen. Fruchtfleisch mit einem Löffel entnehmen und klein würfeln.

3. Fajitafüllung aus dem Ofen nehmen und mit Koriander bestreuen. Zusammen mit Tortillas, Zitronenspalten, Tomaten, Zwiebelspalten und Avocado servieren.

SPARGELFLAMMKUCHEN MIT SCHINKEN

Zutaten für 4 Portionen

500 g grüner Spargel, Salz, 1 TL Zucker, 1 TL Zitronensaft, 1 Handvoll Rauke, 150 g Crème fraîche, frisch gemahlener Pfeffer, 260 g Flammkuchenteig (aus dem Kühlregal), etwas frisch gehobelter Parmesan, 100 g Parmaschinken

Zubereitung *ca. 40 Min.*
Backzeit *ca. 15 Min.*

Pro Portion *ca. 402 kcal • 18 g EW • 20 g F • 37 g KH*

1. Spargel waschen, holzige Enden abschneiden und unteres Drittel schälen. In ausreichend kochendem Salzwasser mit Zucker und Zitronensaft ca. 8–10 Minuten bissfest kochen. Abgießen, kalt abschrecken und abtropfen lassen. Spargel schräg in ca. 2 Zentimeter lange Stücke schneiden. Rauke putzen, waschen und trocken schütteln.

2. Backofen auf 220 °C (Umluft: 200 °C) vorheizen. Crème fraîche glatt rühren und mit Salz und Pfeffer abschmecken.

3. Backblech mit Backpapier auslegen und Flammkuchenteig darauf ausrollen. Teig mit Crème fraîche bestreichen. Mit Spargel und Parmesan belegen und im vorgeheizten Backofen ca. 13–15 Minuten backen. Flammkuchen aus dem Backofen nehmen und mit Parmaschinken und Rauke belegt servieren.

Tipp Achten Sie darauf, möglichst immer Spargel gleicher Länge und Dicke zusammen zu kochen. Ansonsten kann es sein, dass der Spargel ungleichmäßig gart.

CHICKEN WINGS MIT WÜRZIGER MARINADE

Zutaten für 4 Portionen

*4 EL Öl, Salz, 1 kg Hähnchenflügel,
1 Knoblauchzehe, 5 EL Zitronensaft, 100 ml Ketchup,
100 ml Honig, 1 EL Sojasoße,
nach Geschmack etwas Sambal Oelek oder Tabasco,
frisch gemahlener Pfeffer, etwas Sesam zum Bestreuen*

Zubereitung *ca. 15 Min.*
Backzeit *ca. 25 Min.*

Pro Portion *ca. 671 kcal • 47 g EW • 43 g F • 25 g KH*

1. Backofen auf 180 °C (Umluft: 160 °C) vorheizen. Öl mit etwas Salz verrühren und Hähnchenflügel damit einpinseln. Fettpfanne im Backofen unterlegen, Hähnchenflügel auf einen Rost über der Fettpfanne legen und ca. 15 Minuten im vorgeheizten Backofen braten.

2. Knoblauch schälen und pressen. Knoblauch, Zitronensaft, Ketchup, Honig, Sojasoße, nach Geschmack etwas Sambal Oelek oder Tabasco sowie etwas Salz und Pfeffer gut verrühren und Hähnchenflügel mit der Hälfte der Marinade einpinseln.

3. Backofentemperatur auf 200 °C (Umluft: 180 °C) erhöhen, Hähnchenflügel ca. 5 Minuten weiterbraten, wenden, nochmals mit der Marinade bepinseln und mindestens ca. 5 Minuten fertig garen, bis sie schön braun sind. Chicken Wings mit Sesam bestreuen mit einem Dip nach Wahl servieren.

FISCHFILETS AUF MEDITERRANEM GEMÜSE

Zutaten für 4 Portionen

1 Zwiebel, 4 Knoblauchzehen, 1 gelbe Paprikaschote, 300 g Brokkoli, 200 g Zucchini, 200 g Möhren, 2 Tomaten, 8 Zweige Rosmarin, 7–8 EL Olivenöl, 1 TL Meersalz, 4 Fischfilets (z. B. Lachsforelle), 1 TL Fenchelsamen, 1 TL Koriandersamen, Salz, frisch gemahlener Pfeffer

Zubereitung *ca. 20 Min.*

Backzeit *ca. 25 Min.*

Pro Portion *ca. 463 kcal • 28 g EW • 32 g F • 9 g KH*

1. Zwiebel schälen und in Spalten schneiden. Knoblauch schälen und halbieren. Paprika putzen, waschen und klein schneiden. Brokkoli putzen, waschen und in Röschen teilen. Zucchini putzen, waschen, in Scheiben schneiden und vierteln. Möhren putzen, schälen und in dünne Scheiben schneiden. Tomaten waschen, halbieren, vom Stielansatz befreien und klein schneiden. Gemüse in eine Schüssel geben und locker vermischen.

2. Backofen auf 220 °C (Umluft: 200 °C) vorheizen. Rosmarin waschen, trocken schütteln, Nadeln abstreifen und fein hacken. Rosmarin mit 6 Esslöffeln Öl und Meersalz verrühren. Gemüse mit Würzöl vermischen. Fischfilets innen und außen unter fließendem Wasser waschen und trocken tupfen. Samen im Mörser zerstoßen und mit Salz und Pfeffer mischen. Fischfilets mit der Würzmischung einreiben.

3. Gemüse mit Würzöl in der Fettpfanne des Backofens verteilen. Fischfilets darauflegen und mit restlichem Olivenöl beträufeln. Fischfilets auf mediterranem Gemüse im vorgeheizten Backofen ca. 20–25 Minuten garen.

ÜBERBACKENER HACKBRATEN

Zutaten für 4 Portionen

1 Brötchen vom Vortag, 100 g getrocknete Tomaten, 1 Zwiebel, 1 Knoblauchzehe, 10 g Butter, 750 g Hackfleisch, 75 g Parmesan, 2 Eier, 1 EL fein gehackte Petersilie, 1 TL fein gehackter Thymian, ½ TL fein gehackter Rosmarin, Salz, frisch gemahlener Pfeffer, edelsüßes Paprikapulver, 250 g Mozzarella, 3 rote Paprikaschoten, Basilikum zum Garnieren

Zubereitung *ca. 30 Min.*

Backzeit *ca. 1 Std.*

Pro Portion *ca. 840 kcal • 60 g EW • 57 g F • 22 g KH*

1. Brötchen in eine kleine Schüssel geben und in lauwarmem Wasser einweichen. Getrocknete Tomaten ebenfalls in eine kleine Schüssel geben und in lauwarmem Wasser einweichen. Zwiebel und Knoblauch schälen und fein hacken. Butter in einer Pfanne schmelzen und Zwiebel und Knoblauch darin andünsten. Abkühlen lassen. Backofen auf 200 °C (Umluft: 180 °C) vorheizen. Backblech mit Backpapier auslegen.

2. Brötchen ausdrücken, zerzupfen und in eine große Schüssel geben. Tomaten abtropfen lassen, fein schneiden und zum Brötchen geben. Hackfleisch zugeben. Parmesan reiben. Hälfte der Zwiebel-Knoblauch-Mischung, Eier, Parmesan und Kräuter zum Hackfleisch geben und alles verkneten. Mit Salz, Pfeffer und Paprikapulver würzen und nochmals verkneten.

3. Hackfleisch-Mischung auf das Backpapier geben, zu einem länglichen Laib formen und etwas flach drücken. Mozzarella über einem Sieb abtropfen lassen und in Scheiben schneiden. Paprika putzen, waschen und in Streifen schneiden. Mozzarella und Paprika auf das Hackfleisch legen, restliche Zwiebel-Knoblauch-Mischung darübergeben und mit Salz und Pfeffer würzen. Im vorgeheizten Backofen ca. 1 Stunde backen. Mit gewaschenem, trocken geschütteltem Basilikum garniert servieren.

DORADE AUF SPINAT-MANGOLD-BETT

Zutaten für 4 Portionen

2 küchenfertige Doraden (à ca. 400 g), 1 unbehandelte Limette, 2 Zweige Rosmarin, 2 Zweige Thymian, 5 EL Olivenöl, Salz, frisch gemahlener Pfeffer, 250 g Mangold, 250 g Blattspinat, 200 g Cocktailtomaten, 1 Knoblauchzehe

Zubereitung *ca. 20 Min.*
Backzeit *ca. 30 Min.*

Pro Portion *ca. 435 kcal • 33 g EW • 31 g F • 3 g KH*

1. Backofen auf 180 °C (Umluft: 160 °C) vorheizen. Backblech mit Backpapier auslegen. Doraden unter fließendem Wasser waschen und trocken tupfen. Limette waschen, trocken tupfen und in Scheiben schneiden. Rosmarin und Thymian waschen und trocken schütteln. Dorade mit 2 Esslöffeln Öl beträufeln und auf jeder Seite zwei- bis dreimal schräg einschneiden. Innen und außen mit Salz und Pfeffer einreiben. Jeweils 1 Zweig Rosmarin, 1 Zweig Thymian und einige Limettenscheiben in den Bauchraum jeder Dorade stecken.

2. Mangold und Spinat waschen und trocken schütteln. Tomaten waschen und trocken tupfen. Knoblauch schälen und fein hacken. Gemüse auf dem Backpapier verteilen und mit restlichem Öl beträufeln. Knoblauch darauf verteilen und alles mit Salz und Pfeffer würzen. Doraden auf das Gemüse legen und im vorgeheizten Backofen ca. 20–30 Minuten garen. Das Fleisch sollte weiß und nicht mehr glasig sein. Herausnehmen und Dorade auf Spinat-Mangold-Bett servieren.

ÜBERBACKENE AUSTERN

Zutaten für 2 Portionen

8 Austern, 100 g Parmesan, 4 Stängel Basilikum, 1 Knoblauchzehe, Salz, frisch gemahlener Pfeffer, einige Spritzer Zitronensaft, 50 ml Olivenöl, 1 Handvoll Cocktailtomaten

Zubereitung *ca. 20 Min.*
Backzeit *ca. 10 Min.*

Pro Portion *ca. 454 kcal • 24 g EW • 37 g F • 6 g KH*

1. Backofen auf 200 °C (Umluft: 180 °C) vorheizen. Austern gründlich waschen und so aufbrechen, dass das Austernfleisch unten in der gewölbten Schalenhälfte liegt. Mit einem Messer den Schließmuskel lösen und obere flache Schalenhälften entfernen.

2. Parmesan reiben. Basilikum waschen, trocken schütteln, Blättchen abzupfen und fein hacken. Knoblauch schälen und sehr fein hacken. Parmesan in eine Schüssel geben und mit Salz und Pfeffer würzen. Basilikum und Knoblauch untermischen. Mit Zitronensaft abschmecken und mit Öl vermischen.

3. Tomaten waschen, halbieren, vom Stielansatz befreien und klein würfeln. Mit Parmesanpaste vermischen und in die Austern füllen. Austern auf ein Backblech legen und ca. 10 Minuten überbacken, bis die Kruste goldgelb ist.

Feines Gemüse & Beilagen

SPARGEL IM SPECKMANTEL

Zutaten für 4 Portionen

20 Stangen grüner Spargel,
10 Scheiben Frühstücksspeck,
50 g Butter, Saft von ½ Zitrone,
Salz, frisch gemahlener Pfeffer

Zubereitung *ca. 15 Min.*
Backzeit *ca. 10 Min.*

Pro Portion *ca. 190 kcal • 8 g EW • 15 g F • 5 g KH*

1. Backofen auf 180 °C (Umluft: 160 °C) vorheizen. Backblech mit Backpapier auslegen. Vom Spargel holziges Ende abschneiden, Spargel waschen und unteres Drittel schälen. Frühstücksspeck quer halbieren. Jede Spargelstange mit ½ Scheibe Speck umwickeln.

2. Spargel im Speckmantel auf das Backpapier legen und im vorgeheizten Backofen auf der obersten Schiene ca. 4–5 Minuten backen. Spargelstangen einmal wenden und weitere ca. 4–5 Minuten backen.

3. Butter in einem kleinen Topf schmelzen und mit Zitronensaft verrühren. Mit etwas Salz abschmecken. Spargelstangen anrichten und mit Zitronenbutter beträufeln. Mit Pfeffer bestreut servieren.

GERÖSTETER KÜRBIS UND KICHERERBSEN

Zutaten für 4 Portionen

425 g Kichererbsen (aus der Dose), 1 Hokkaidokürbis, 2 EL Olivenöl, Salz, frisch gemahlener Pfeffer, 1 TL Currypulver, 100 g Babyspinat, 100 g Cocktailtomaten, 100 g Radieschen, 1 Avocado, 1 Knoblauchzehe, 2 EL Joghurt, Saft von 1 Zitrone, 1 EL Tahini

Zubereitung *ca. 30 Min.*
Backzeit *ca. 30 Min.*

Pro Portion *ca. 442 kcal • 13 g EW • 24 g F • 37 g KH*

1. Backofen auf 220 °C (Umluft: 200 °C) vorheizen. Backblech mit Backpapier auslegen. Kichererbsen in ein Sieb geben, unter fließendem Wasser abspülen und abtropfen lassen. Hokkaido waschen, halbieren und Kerne entfernen. Fruchtfleisch in Spalten schneiden.

2. Kürbisspalten und abgetropfte Kichererbsen auf dem Backpapier verteilen. Mit Olivenöl beträufeln und mit Salz, Pfeffer und Currypulver würzen. Im vorgeheizten Backofen mindestens ca. 30 Minuten backen. Zwischendurch wenden.

3. Spinat waschen und trocken schütteln. Tomaten waschen, halbieren, vom Stielansatz befreien und vierteln. Radieschen putzen, waschen und in Scheiben schneiden. Avocado halbieren und entkernen. Fruchtfleisch mit einem Löffel entnehmen und in Spalten schneiden. Knoblauch schälen und fein hacken.

4. Joghurt mit Knoblauch, Zitronensaft und Tahini vermischen. Mit Salz und Pfeffer abschmecken. Kürbisspalten und Kichererbsen mit Spinat, Tomaten, Radieschen und Avocado anrichten. Tahini-Dressing darüberträufeln und servieren.

ÜBERBACKENER ROSENKOHL

Zutaten für 2 Portionen

500 g Rosenkohl, 2 EL Olivenöl,
2 TL Honig, Chiliflocken,
Salz, frisch gemahlener Pfeffer,
50 g Parmesan

Zubereitung *ca. 20 Min.*
Backzeit *ca. 30 Min.*

Pro Portion *ca. 311 kcal • 20 g EW • 21 g F • 9 g KH*

1. Backofen auf 200 °C (Umluft: 180 °C) vorheizen. Rosenkohl waschen, putzen, halbieren und in eine Schüssel geben. Olivenöl mit Honig und Chiliflocken verrühren und über den Rosenkohl geben. Mit Salz und Pfeffer würzen und alles vorsichtig vermischen.

2. Backblech mit Backpapier auslegen. Rosenkohl darauf verteilen und im vorgeheizten Backofen ca. 20–30 Minuten backen. Zwischendurch wenden. Parmesan reiben und ca. 10 Minuten vor Ende der Backzeit über den Rosenkohl streuen.

GRILLGEMÜSE-SANDWICH

Zutaten für 3 Portionen

1 Aubergine, 1 Zucchini, 1 rote Paprikaschote, 4 EL Olivenöl, Salz, frisch gemahlener Pfeffer, 1 Knoblauchzehe, 6 Scheiben Ciabatta, ½ Bund Basilikum, 100 g Frischkäse, 1 Schälchen Kresse

Zubereitung *ca. 15 Min.*
Backzeit *ca. 35 Min.*

Pro Portion *ca. 657 kcal • 13 g EW • 31 g F • 79 g KH*

1. Backofen auf 180 °C (Umluft: 160 °C) vorheizen. Backblech mit Backpapier auslegen. Aubergine waschen, putzen und in Scheiben schneiden. Zucchini waschen, putzen und längs in schmale Streifen schneiden. Paprika putzen, waschen und in Streifen schneiden. Gemüse auf das Backpapier legen und mit 2 Esslöffeln Olivenöl vermischen. Mit Salz und Pfeffer würzen.

2. Gemüse im vorgeheizten Backofen ca. 25 Minuten backen. Knoblauch schälen. Ciabatta mit restlichem Olivenöl von beiden Seiten einpinseln und mit der Knoblauchzehe einreiben. Grillfunktion im Backofen zuschalten und Ciabatta zum Gemüse auf das Backblech legen. Ca. 5–10 Minuten im vorgeheizten Backofen grillen.

3. Gemüse und Ciabatta aus dem Backofen nehmen. Basilikum waschen, trocken schütteln und Blättchen abzupfen. 3 Brotscheiben dick mit Frischkäse bestreichen und mit Kresse, Grillgemüse und Basilikum belegen. Restliche Brotscheiben darauflegen und Grillgemüse-Sandwichs servieren.

POTATO WEDGES MIT KÄSE-BASILIKUM-DIP

Zutaten für 4 Portionen

1 kg festkochende Kartoffeln, 3 Zweige Rosmarin, 5 EL Olivenöl, 1 TL Fenchelsamen, 1 TL Anissamen, 500 g Magerquark, 50 ml Milch, 60 g Parmesan, 1 Bund Basilikum, Salz, frisch gemahlener Pfeffer

Zubereitung *ca. 30 Min.*
Backzeit *ca. 40 Min.*

Pro Portion *ca. 499 kcal • 26 g EW • 22 g F • 45 g KH*

1. Backofen auf 220 °C (Umluft: 200 °C) vorheizen. Kartoffeln waschen, Schale abbürsten und Kartoffeln vierteln. Rosmarin waschen, trocken schütteln und Nadeln abstreifen. Backblech mit Backpapier belegen und mit 1 Esslöffel Olivenöl einfetten. Kartoffeln auf dem Backblech verteilen, mit 3 Esslöffeln Olivenöl bestreichen und Rosmarin zugeben. Im vorgeheizten Backofen ca. 20 Minuten backen.

2. Fenchel- und Anissamen im Mörser grob zerstoßen und über die Kartoffeln geben. Kartoffeln wenden und weitere ca. 20 Minuten backen.

3. Quark, Milch und restliches Olivenöl in einer kleinen Schüssel gut verrühren. Parmesan fein reiben. Basilikum waschen, trocken schütteln, Blättchen abzupfen und fein hacken. Parmesan und Basilikum unter den Quark rühren. Mit Salz und Pfeffer abschmecken.

4. Kartoffeln salzen, portionieren und mit Käsedip in kleinen Schüsseln servieren.

HERBSTLICHES OFENGEMÜSE

Zutaten für 4 Portionen

500 g Hokkaidokürbis, 500 g Rote Bete,
4 Knoblauchzehen, 2 Zwiebeln, 800 g Kartoffeln,
4 Möhren, 3 EL Olivenöl, Salz, frisch gemahlener Pfeffer,
Cayennepfeffer, Kräuter nach Belieben

Zubereitung *ca. 45 Min.*
Backzeit *ca. 35 Min.*

Pro Portion *ca. 428 kcal • 9 g EW • 11 g F • 64 g KH*

1. Hokkaido waschen, halbieren, Kerne entfernen und in Spalten schneiden. Rote Bete waschen, putzen und halbieren. Knoblauch schälen. Zwiebeln schälen und achteln. Kartoffeln waschen, schälen und je nach Größe halbieren oder vierteln. Möhren waschen und putzen. Backofen auf 220 °C (Umluft: 200 °C) vorheizen. Backblech mit Backpapier auslegen.

2. Gemüse auf dem Backpapier verteilen. Olivenöl mit Salz, Pfeffer und Cayennepfeffer verrühren und darüberträufeln. Ofengemüse im vorgeheizten Backofen ca. 30–35 Minuten backen. Kräuter waschen, trocken schütteln und grob hacken. Herbstliches Ofengemüse mit Kräutern bestreut servieren.

KRÄUTER-PILZE VOM BLECH

Zutaten für 2 Portionen

500 g Champignons, ½ Bund Petersilie,
½ Bund Basilikum, ½ Bund Dill,
2 Knoblauchzehen, 4 EL Olivenöl,
1 EL Zitronensaft, Salz,
frisch gemahlener Pfeffer

Zubereitung *ca. 15 Min.*
Backzeit *ca. 15 Min.*

Pro Portion *ca. 312 kcal • 8 g EW • 28 g F • 4 g KH*

1. Backofen auf 180 °C (Umluft: 160 °C) vorheizen. Backblech mit Backpapier auslegen. Champignons putzen und in Scheiben schneiden. Petersilie waschen, trocken schütteln und Blätter fein hacken. Basilikum waschen, trocken schütteln, Blättchen abzupfen und fein hacken. Dill waschen, trocken schütteln und Fähnchen fein hacken. Knoblauch schälen und fein hacken.

2. Champignons auf dem Backpapier verteilen. Kräuter in eine Schüssel geben und mit Knoblauch, Olivenöl und Zitronensaft vermischen. Mit Salz und Pfeffer abschmecken. Einen Teil der Kräuter-Mischung über die Champignons geben, Rest beiseitestellen.

3. Kräuter-Pilze im vorgeheizten Backofen ca. 10–15 Minuten backen. Mit restlicher Kräuter-Mischung servieren.

VEGETARISCHE PARTY-PIZZA

Zutaten für 1 Backblech

400 g Mehl und etwas Mehl für die Arbeitsfläche, ½ Würfel Hefe, 2 EL Olivenöl, Salz, Zucker, 400 g passierte Tomaten, frisch gemahlener Pfeffer, Oregano, 100 g Mais, ½ Zucchini, 1 rote Paprikaschote, 250 g Käse (z. B. Emmentaler)

Zubereitung *ca. 20 Min. + ca. 30 Min. Ruhezeit*
Backzeit *ca. 20 Min.*

Pro Blech *ca. 2953 kcal • 129 g EW • 113 g F • 332 g KH*

1. Aus Mehl, Hefe, 250 Milliliter lauwarmem Wasser, Olivenöl, ½ Teelöffel Salz und 1 Prise Zucker einen Hefeteig zubereiten. Teig an einem warmen Ort ca. 30 Minuten ruhen lassen.

2. Passierte Tomaten mit Salz, Pfeffer, 1 Prise Zucker und etwas Oregano abschmecken. Mais über einem Sieb abtropfen lassen. Zucchini waschen, putzen und in dünne Streifen schneiden. Paprika putzen, waschen und klein schneiden. Backofen auf 250 °C (Umluft: 230 °C) vorheizen. Backblech mit Backpapier auslegen.

3. Teig auf eine bemehlte Arbeitsfläche legen, kurz durchkneten und ausrollen. Auf das Backpapier legen und mit Tomatensoße bestreichen. Mais, Zucchini und Paprika darauf verteilen und mit Salz und Pfeffer würzen. Käse reiben und darüberstreuen. Im vorgeheizten Backofen ca. 15–20 Minuten backen.

GEFÜLLTE SÜSSKARTOFFELN

Zutaten für 2 Portionen

215 g Kichererbsen (aus der Dose), 1 rote Paprikaschote, 2 EL Olivenöl, ½ TL gemahlener Kreuzkümmel, ½ TL gemahlener Koriander, ½ TL geräuchertes Paprikapulver, ½ TL Zimt, Salz, 2 Süßkartoffeln (à ca. 300 g), 2 Knoblauchzehen, 1 Avocado, 4 EL Limettensaft, frisch gemahlener Pfeffer, 50 g Tahini, 50 g Joghurt, 100 g Cocktailtomaten, Sprossen nach Belieben

Zubereitung *ca. 15 Min.*
Backzeit *ca. 1 Std.*

Pro Portion *ca. 890 kcal • 20 g EW • 55 g F • 73 g KH*

1. Kichererbsen in einem Sieb abspülen und abtropfen lassen. Paprika waschen, putzen und in Streifen schneiden. Öl mit Gewürzen und 1 Teelöffel Salz verrühren. Kichererbsen und Paprika in einer Schüssel mit etwas Würzöl mischen. Backofen auf 175 °C (Umluft: 155 °C) vorheizen. Süßkartoffeln waschen und längs halbieren. Mit der Schnittfläche nach oben auf ein mit Backpapier belegtes Blech legen. Restliches Würzöl mit einem Pinsel daraufgeben. Im vorgeheizten Ofen ca. 50–60 Minuten backen. Nach ca. 40 Minuten Kichererbsen und Paprika zugeben.

2. 1 Knoblauchzehe schälen und fein hacken. Avocado entkernen. Fruchtfleisch mit einem Löffel entnehmen und mit einer Gabel zerdrücken. Mit Knoblauch und 2 Esslöffeln Limettensaft mischen und mit Salz und Pfeffer abschmecken. Restlichen Knoblauch schälen und fein hacken. Tahini mit Knoblauch, restlichem Limettensaft und Joghurt verrühren. Mit Salz und Pfeffer abschmecken. Tomaten waschen, vom Stielansatz befreien und vierteln.

3. Süßkartoffeln mit Kichererbsen bzw. Paprika, Avocadomus und Tomaten belegen und etwas Tahini-Soße darübergeben. Nach Belieben mit Sprossen bestreuen und mit restlicher Tahini-Soße servieren.

BLUMENKOHL-STEAKS

Zutaten für 4 Portionen

1 Blumenkohl, 2 Knoblauchzehen,
3 EL Olivenöl, 1 TL Paprikapulver,
1 TL Currypulver, Salz,
frisch gemahlener Pfeffer,
2 TL gehackte Petersilie

Zubereitung *ca. 15 Min.*
Backzeit *ca. 20 Min.*

Pro Portion *ca. 137 kcal • 4 g EW • 11 g F • 3 g KH*

1. Backofen auf 220 °C (Umluft: 200 °C) vorheizen. 2 Backbleche mit Backpapier auslegen. Blumenkohl waschen, putzen und den harten Strunk entfernen. Blumenkohl in ca. 1–2 Zentimeter breite Scheiben schneiden. Knoblauch schälen.

2. Blumenkohlscheiben und Knoblauch auf dem Backpapier verteilen. Olivenöl mit Gewürzen vermischen und Blumenkohlsteaks mit Würzöl bepinseln. Im vorgeheizten Backofen ca. 20 Minuten backen. Blumenkohlsteaks mit gehackter Petersilie bestreut servieren.

ÜBERBACKENE ARTISCHOCKEN

Zutaten für 4 Portionen

4 Artischocken, 4 Knoblauchzehen, 4 Zweige Thymian, 6 EL Olivenöl, Salz, frisch gemahlener Pfeffer, 100 g Käse (z. B. Gouda, Emmentaler, Parmesan)

Zubereitung *ca. 15 Min.*
Backzeit *ca. 20 Min.*

Pro Portion *ca. 338 kcal • 8 g EW • 28 g F • 3 g KH*

1. Backofen auf 180 °C (Umluft: 160 °C) vorheizen. Backblech mit Backpapier auslegen. Artischocken waschen, putzen, halbieren und Heu entfernen. Knoblauch schälen und fein hacken. Thymian waschen, trocken schütteln und Blättchen fein hacken.

2. Olivenöl mit Knoblauch und Thymian vermischen und mit Salz und Pfeffer abschmecken. Käse reiben. Artischocken mit der Schnittfläche nach oben auf das Backpapier legen und mit dem Kräuteröl beträufeln. Mit Salz und Pfeffer würzen und mit geriebenem Käse bestreuen. Im vorgeheizten Backofen ca. 15–20 Minuten gratinieren.

OFENKÄSE AUF TOMATENVARIATION

Zutaten für 4 Portionen

1 kg gemischte Tomaten (z. B. Cocktailtomaten, gelbe Tomaten, Ochsenherztomaten), 1 Knoblauchknolle, 5 EL Olivenöl, 3–5 EL Balsamico, Salz, frisch gemahlener Pfeffer, 1 Prise Zucker, 1 Pck. Halloumi, 2–3 Zweige Thymian

Zubereitung *ca. 15 Min.*
Backzeit *ca. 1 Std.*

Pro Portion *ca. 436 kcal • 17 g EW • 33 g F • 12 g KH*

1. Backofen auf 200 °C (Umluft: 180 °C) vorheizen. Tomaten waschen und vom Stielansatz befreien. Große Tomaten in Scheiben schneiden, kleine Tomaten halbieren. Knoblauchknolle mit Schale in Scheiben schneiden.

2. Tomaten und Knoblauch auf dem Backblech verteilen. Mit Öl und Balsamico beträufeln und mit Salz, Pfeffer und Zucker würzen. Im vorgeheizten Backofen ca. 45 Minuten backen.

3. Halloumi in Scheiben schneiden. Thymian waschen und trocken schütteln. Backblech aus dem Ofen herausnehmen und Halloumi zwischen die Tomaten legen. Thymian über den Tomaten verteilen. Im vorgeheizten Backofen weitere ca. 10–15 Minuten backen.

Tipp Sie können die Tomaten auch mit kleinen Paprikaschoten ergänzen und diese im Ofen mitbraten, bevor Sie den Käse hinzufügen.

GEFÜLLTER AUBERGINENFÄCHER

Zutaten für 2 Portionen

2 Auberginen, Salz, 250 g Tomaten, 1 Knoblauchzehe, ½ Bund Dill, frisch gemahlener Pfeffer, Olivenöl, 100 g Käse

Zubereitung *ca. 15 Min. + ca. 30 Min. Ruhezeit*
Backzeit *ca. 45 Min.*

Pro Portion *ca. 356 kcal • 16 g EW • 25 g F • 11 g KH*

1. Auberginen waschen, putzen und längs mehrfach bis zum Ansatz einschneiden, sodass sie am Stielende noch zusammenhängen. Auberginen mit Salz bestreuen und ca. 30 Minuten ruhen lassen.

2. Tomaten waschen, vom Stielansatz befreien und in dünne Scheiben schneiden. Knoblauch schälen und fein hacken. Dill waschen, trocken schütteln und Fähnchen fein hacken. Etwas Dill für die Dekoration beiseitelegen.

3. Auberginen mit Wasser abspülen und abtropfen lassen. Backofen auf 200 °C (Umluft: 180 °C) vorheizen. Backblech mit Backpapier auslegen.

4. Auberginenfächer auf dem Backpapier verteilen. Knoblauch und Dill vermischen und in die Fächer füllen. Mit Tomatenscheiben belegen und mit Salz und Pfeffer würzen. Mit etwas Olivenöl beträufeln. Im vorgeheizten Backofen ca. 30 Minuten backen.

5. Käse reiben und über die Auberginenfächer streuen. Im vorgeheizten Backofen weitere ca. 15 Minuten backen. Herausnehmen und mit restlichem Dill bestreut servieren.

Desserts & Snacks vom Blech

ÄPFEL MIT NUSSFÜLLUNG

Zutaten für 6 Portionen

3 mittelgroße, säuerliche Äpfel (z. B. Boskop oder Cox Orange), 50 g gehackte Nüsse (z. B. Walnüsse, Paranüsse, Haselnüsse), 3 EL Rosinen, 3 EL gehobelte Mandeln, 1 TL Zimt, 3 EL Butter, 3 EL Honig

Zubereitung *ca. 15 Min.*
Backzeit *ca. 30 Min.*

Pro Portion *ca. 271 kcal • 3 g EW • 18 g F • 24 g KH*

1. Backofen auf 200 °C (Umluft: 180 °C) vorheizen. Backblech mit Backpapier auslegen. Äpfel waschen, halbieren und Kerngehäuse großzügig entfernen, sodass eine kleine Mulde entsteht. Nüsse in eine Schüssel geben und mit Rosinen und gehobelten Mandeln vermischen. Zimt untermischen.

2. Apfelhälften auf das Backpapier legen. Nussmischung in den Mulden der Äpfel verteilen. Butter in Flöckchen daraufgeben und mit Honig beträufeln. Im vorgeheizten Backofen ca. 30 Minuten backen, bis die Füllung leicht gebräunt ist.

KNUSPRIGES GRANOLA

Zutaten für 1 Backblech

300 g Haferflocken, 75 g Sonnenblumenkerne, 60 g grob gehackte Mandeln, 40 g gehobelte Mandeln, 150 ml Öl, 75 g brauner Zucker, 2 Msp. Salz, ¾ EL Zimt, 70 g getrocknete Cranberrys, 60 g Rosinen

Zubereitung *ca. 15 Min.*
Backzeit *ca. 25 Min.*

Pro Blech *ca. 4091 kcal • 90 g EW • 249 g F • 359 g KH*

1. Backofen auf 170 °C (Umluft: 150 °C) vorheizen. Backblech mit Backpapier auslegen. Haferflocken in eine Schüssel geben und mit Sonnenblumenkernen, gehackten und gehobelten Mandeln vermischen.

2. Öl in einen kleinen Topf geben und mit Zucker, Salz und Zimt verrühren. Unter Rühren aufkochen und ca. 3 Minuten köcheln lassen. Zucker-Öl-Mischung mit der Haferflocken-Mischung verrühren.

3. Masse auf dem Backpapier gleichmäßig verteilen. Im vorgeheizten Backofen ca. 20–25 Minuten backen. Zwischendurch mehrmals umrühren. Granola herausnehmen und vollständig abkühlen lassen. Cranberrys und Rosinen untermischen und Granola in einer luftdichten Dose gefüllt aufbewahren.

ERDBEER-CRUMBLE

Zutaten für 4 Portionen

175 g Mehl, 100 g kalte Butter in Stückchen und etwas Butter für die Form oder Fettpfanne, 100 g Zucker, 1 TL Zimt, 1 kg Erdbeeren

Zubereitung *ca. 15 Min. + ca. 30 Min. Kühlzeit*
Backzeit *ca. 30 Min.*

Pro Portion *ca. 538 kcal • 7 g EW • 24 g F • 70 g KH*

1. Mehl in eine Schüssel geben und mit Butter, Zucker und Zimt rasch zu einem glatten Teig verkneten. Teig zu einer Kugel formen und in Frischhaltefolie wickeln. Teig ca. 30 Minuten im Kühlschrank kalt stellen.

2. Erdbeeren waschen, putzen, trocken tupfen und klein schneiden. Backofen auf 200 °C (Umluft: 180 °C) vorheizen. Form oder Fettpfanne mit Butter ausstreichen.

3. Erdbeeren in die Form oder Fettpfanne geben. Mürbeteig mit den Fingern zu Streuseln verarbeiten und Streusel gleichmäßig auf den Erdbeeren verteilen. Erdbeer-Crumble im vorgeheizten Backofen ca. 30 Minuten backen.

BIRNEN MIT KÄSE UND HONIG

Zutaten für 4 Portionen

4 feste Birnen (z. B. Forellenbirne, Williams Christbirne oder Alexander-Lucas-Birne), Saft von ½ Zitrone, 1 EL Honig, 50 g Walnüsse, 80 g reifer Camembert, frisch gemahlener Pfeffer

Zubereitung *ca. 15 Min.*
Backzeit *ca. 10 Min.*

Pro Portion *ca. 232 kcal • 6 g EW • 14 g F • 20 g KH*

1. Backofen auf 200 °C (Umluft: 180 °C) vorheizen. Backblech mit Backpapier auslegen. Birnen waschen, halbieren und Kerngehäuse entfernen, sodass eine kleine Mulde entsteht. Birnenhälften auf dem Backpapier verteilen. Zitronensaft mit Honig verrühren und Birnenhälften damit bepinseln.

2. Walnüsse grob hacken. Camembert klein schneiden. Walnüsse und Camembert vermischen und in die Mulden der Birnenhälften füllen. Mit etwas Pfeffer würzen. Im vorgeheizten Backofen ca. 10 Minuten goldbraun backen.

QUINOA-VOLLKORN-CRACKER

Zutaten für ca. 20 Stück

85 g Quinoa, 75 g Reismehl, 85 g Vollkornmehl, ½ TL Backpulver, ½ TL Salz, ½ TL Zwiebelpulver, 75 ml Öl, 2 EL gemischte Samen (z. B. Mohn, Leinsamen und Sesam)

Zubereitung *ca. 40 Min.*
Backzeit *ca. 15 Min.*

Pro Stück *ca. 81 kcal • 2 g EW • 4 g F • 9 g KH*

1. Quinoa gut in einem feinmaschigen Sieb abspülen, in ausreichend Wasser nach Packungsanweisung ca. 15–20 Minuten garen, bis die Flüssigkeit eingekocht ist, und abkühlen lassen. Backofen auf 180 °C (Umluft: 160 °C) vorheizen. Alle Zutaten bis auf das Öl und die Samenmischung im Mixer vermischen. Nach und nach Öl und 75 Milliliter Wasser zugeben und zu einem bröseligen Teig vermischen.

2. Teig zu einer glatten Masse verkneten und in zwei Hälften teilen. Eine Teighälfte auf einen Bogen Backpapier legen, mit einem weiteren Bogen Backpapier abdecken und ca. 3 Millimeter dick ausrollen. Oberes Backpapier entfernen und Teig mit dem unteren Backpapier auf ein Blech legen. Zweite Teighälfte ebenso vorbereiten.

3. Teig mit einem scharfen Messer streifenförmig einritzen. Samenmischung darüberstreuen und leicht in den Teig drücken. Im vorgeheizten Backofen ca. 12–15 Minuten goldbraun backen. Vorderseite des Backblechs nach der Hälfte der Zeit nach hinten drehen. Auf einem Gitter abkühlen lassen und Cracker entlang der Linien ausschneiden.

MÜSLIRIEGEL MIT APRIKOSEN UND ROSINEN

Zutaten für 1 Backblech

100 g getrocknete Aprikosen, 200 g getrocknete Datteln, 100 g Kürbiskerne, 100 g Haselnüsse, 4 Äpfel, 200 g Rosinen oder getrocknete Cranberrys, 100 g Sonnenblumenkerne, 300 g Mehl, 300 g Haferflocken, 9 EL Öl, 1 TL Salz, 5 EL Honig, 4 TL Zimt

Zubereitung *ca. 15 Min.*
Backzeit *ca. 40 Min.*

Pro Blech *ca. 6550 kcal • 156 g EW • 292 g F • 787 g KH*

1. Backofen auf 200 °C (Umluft: 180 °C) vorheizen. Aprikosen und Datteln klein schneiden. Kürbiskerne und Haselnüsse klein hacken. Äpfel waschen, halbieren, entkernen und fein raspeln. Alles zusammen mit den restlichen Zutaten in eine große Schüssel geben und mit 500 Milliliter Wasser vermischen. Alles gut verkneten.

2. Teig auf ein mit Backpapier ausgelegtes Backblech streichen und im vorgeheizten Backofen ca. 40 Minuten backen. Noch lauwarm in Stücke schneiden und auskühlen lassen.

Tipp Die Müsliriegel können prima portionsweise eingefroren und im Toaster wieder aufgetaut werden.

PFANNKUCHEN VOM BLECH

Zutaten für 8 Portionen

200 g Himbeeren (TK-Produkt), 4 Eier, 300 ml Milch, 160 g Mehl, ½ TL Salz, 5 EL Öl, 2 Pck. Vanillezucker, 200 g Crème fraîche, 1 EL Zucker, 2 EL Puderzucker, nach Belieben frische Himbeeren und Blaubeeren zum Garnieren

Zubereitung *ca. 15 Min. + ca. 10 Min. Ruhezeit*
Backzeit *ca. 20 Min.*

Pro Portion *ca. 322 kcal • 7 g EW • 20 g F • 26 g KH*

1. TK-Himbeeren nach Packungsanweisung auftauen lassen. Backofen auf 220 °C (Umluft: 200 °C) vorheizen. Backblech mit vorheizen.

2. Eier in eine Schüssel geben und mit Milch verschlagen. Mehl in eine weitere Schüssel geben und mit Salz vermischen. Eiermilch mit einem Schneebesen nach und nach einrühren, sodass ein glatter Teig entsteht. Teig ca. 10 Minuten quellen lassen.

3. Das heiße Backblech vorsichtig mit Öl einpinseln und weitere ca. 2 Minuten im Backofen erhitzen. Heißes Backblech vorsichtig aus dem Ofen herausnehmen und auf eine hitzebeständige Unterlage stellen. Teig zügig gleichmäßig auf dem Blech verteilen und Backblech sofort wieder in den Backofen schieben. Teig im vorgeheizten Backofen ca. 15–20 Minuten goldgelb backen.

4. Aufgetaute Himbeeren mit Vanillezucker vermischen und mit einer Gabel leicht zerdrücken. Crème fraîche mit Zucker verrühren. Pfannkuchen vom Blech etwas abkühlen lassen und in Stücke teilen. Mit Puderzucker bestreuen und mit Himbeeren und Crème fraîche genießen. Nach Belieben mit frischen Beeren garnieren.

KIRSCH-CLAFOUTIS

Zutaten für 4 Portionen

1 Glas Kirschen,
Butter für die Form oder die Fettpfanne,
100 g Mehl, 4 Eier, 90 g Zucker,
1 Prise Salz, 250 ml Milch,
Puderzucker zum Bestäuben

Zubereitung *ca. 20 Min.*
Backzeit *ca. 35 Min.*

Pro Portion *ca. 383 kcal • 12 g EW • 10 g F • 61 g KH*

1. Kirschen abtropfen lassen. Backofen auf 200 °C (Umluft: 180 °C) vorheizen. Auflaufform oder Fettpfanne mit Butter ausstreichen. Mehl in eine Schüssel geben und mit Eiern, Zucker und Salz vermischen. Etwas Milch zugeben und alles verrühren. Nach und nach unter Rühren restliche Milch unterrühren, bis ein flüssiger Teig entsteht. Abgetropfte Kirschen ebenfalls unterrühren.

2. Teig in die Auflaufform oder Fettpfanne geben und im vorgeheizten Backofen ca. 35 Minuten backen. Herausnehmen, kurz abkühlen lassen und mit Puderzucker bestäubt servieren. Dazu schmeckt aufgeschlagene Sahne oder Vanilleeis.

SCHOKOLINSEN-COOKIES

Zutaten für ca. 15 Stück

125 g weiche Butter, 50 g Zucker,
50 g brauner Zucker, 1 Pck. Vanillezucker,
1 Ei, 250 g Mehl,
130 g bunte Schokolinsen,
100 g gehackte Schokolade

Zubereitung *ca. 10 Min.*
Backzeit *ca. 15 Min.*

Pro Stück *ca. 221 kcal • 3 g EW • 11 g F • 28 g KH*

1. Backofen auf 180 °C (Umluft: 160 °C) vorheizen. Backblech mit Backpapier auslegen. Butter in eine Schüssel geben und mit allen Zuckersorten gut verrühren. Ei unterrühren. Mehl zugeben und alles zu einem glatten Teig verrühren. Hälfte der Schokolinsen und gehackte Schokolade unter den Teig heben.

2. Mithilfe von zwei Teelöffeln Portionen vom Teig abstechen und mit etwas Abstand kleine Teigkleckse auf das Backpapier setzen. Kleckse mit den Fingern etwas flach drücken. Restliche Schokolinsen auf dem Teig verteilen und leicht andrücken. Schokolinsen-Cookies im vorgeheizten Backofen ca. 12 Minuten backen.

REZEPTREGISTER